MENTES
LIBRES

ÉLIMINE L'ANXIÉTÉ ET LES CRISES DE PANIQUE

ÉLIMINE L'ANXIÉTÉ ET LES CRISES DE PANIQUE

ÉLIMINE L'ANXIÉTÉ ET LES CRISES DE PANIQUE

CONTENU

Chapitre 1: L'anxiété - Qu'est-ce que c'est?

Votre cœur bat la chamade et vous avez des vertiges. On a l'impression qu'il faut s'asseoir pour ne pas tomber. Vous avez du mal à reprendre votre souffle. Vous ressentez une sensation d'engourdissement dans vos mains et vos pieds.

Il y a une pression dans la zone du thorax. Vous pensez être au bord d'une crise cardiaque. Vous pensez que quelque chose ne va vraiment pas chez vous, mais vous êtes loin d'être mort.

L'anxiété est un trouble mental dans lequel une personne craint presque tout et pense que tous les résultats seront pires. Cette peur est effrayante car elle est très intense et ils ont toujours peur que quelqu'un vienne les chercher.

Si vous souffrez d'une sorte de trouble associé à l'anxiété, votre esprit sera toujours concentré sur le fait d'avoir peur sans raison. Vous aurez toujours le sentiment qu'il n'y a pas de solution à votre peur non fondée et qu'il n'y a pas d'issue.

Vous vous sentez paralysé comme s'il n'y avait rien à faire. En gros, vous êtes figé dans la peur. Ce désordre peut frapper à tout moment.

Le trouble anxieux est plus qu'une action. Le trouble anxieux a différentes subtilités qui peuvent s'y intégrer. Par exemple, il y a les crises de panique, les troubles obsessionnels compulsifs et d'autres qui sont liés à la famille des troubles anxieux.

Il y a beaucoup de gens partout qui souffrent de crises d'angoisse. Si vous n'êtes pas concerné, vous connaissez peut-être quelqu'un qui l'est. Si c'est vous, vous devez savoir comment vous aider vous-même. S'il s'agit de quelqu'un d'autre, vous devez savoir comment l'aider. Vous devrez les soutenir et les aider à obtenir le traitement et le soutien dont ils ont besoin pour lutter contre cette maladie.

Chapitre 2: Les causes de l'anxiété

Il n'y a pas une seule chose qui cause ce trouble et ceux qui y sont liés. Vous pensez peut-être que certaines choses le déclenchent. Eh bien, il pourrait y avoir, et encore, il pourrait s'agir de quelque chose qui se produit tout simplement. Tout dépend de la façon dont elle est perçue.

Les personnes qui ont des crises d'angoisse ou des troubles connexes peuvent avoir une crise. Ils peuvent ensuite retourner sur la scène où la première a eu lieu et en avoir une autre. On leur rappelle ce qui s'est passé auparavant. Ils se sentiront mal et finiront par en avoir un autre sans y penser. Cela ressemble à un cycle constant de peur intense. Ensuite, ils ont l'impression qu'ils auront d'autres attaques.

Croyez-le ou non, tout est dans l'esprit. S'ils ont constamment peur et s'attendent à avoir une crise d'angoisse ou quelque chose qui y est lié, alors cela arrivera. Ce qui se passe, c'est que les personnes qui subissent ces attaques n'aiment pas entendre que tout est dans l'esprit. Ils ont le sentiment que les gens oublient cela comme quelque chose qui peut être surmonté.

Le sentiment d'anxiété vient de votre cerveau. Selon les études qui traitent de ce sujet, il existe au moins deux zones du cerveau qui contribuent à déclencher le sentiment de peur et d'anxiété dans l'esprit.

Cela donne à votre cerveau un mécanisme de défense, puis vous réagissez.

Cependant, il peut y avoir des situations qui, selon vous, provoquent de l'anxiété et des attaques connexes. Certaines personnes ont beaucoup de stress ces temps-ci. Elle peut provenir de la politique de bureau, d'une dette écrasante, de problèmes familiaux et d'autres événements qui peuvent en être la cause.

Il existe également des médicaments qui peuvent déclencher une crise d'angoisse en raison d'effets secondaires ou du sevrage. Il s'agit notamment de l'alcool, de la caféine, des médicaments contre le rhume, des décongestionnants, de la nicotine, des pilules de régime et de nombreux autres médicaments que les gens prennent pour diverses maladies et affections.

Le fait de ne pas bien manger peut également contribuer à l'anxiété. Dans certaines situations, vous devrez peut-être passer un test ou traiter avec un grand nombre de personnes. Si vous n'êtes pas préparé, vous pouvez devenir nerveux ou tremblant.

Chapitre 3: Qui souffre d'anxiété?

Il n'y a pas de groupe particulier sur cette terre qui soit la cible de l'anxiété et des attaques ou troubles qui y sont liés. Cela dit, qui, selon vous, en souffre? Eh bien, cela pourrait être n'importe qui. Il peut s'agir de votre famille, de vos amis, de vos collègues ou de toute personne que vous connaissez.

Bien souvent, il peut s'agir de personnes que vous connaissez et qui n'auraient jamais pensé, un million d'années plus tard, qu'elles allaient souffrir d'une telle chose.

Malheureusement, ces attaques sont souvent gardées secrètes et non divulguées. C'est l'un de ces moments embarrassants où l'on "balaie sous le tapis". Ce n'est pas quelque chose dont on parle ouvertement. Certaines personnes reconnaîtront qu'elles sont confrontées à ce problème lorsqu'elles sont prises sur le fait et qu'elles ne peuvent pas faire semblant.

Croyez-le ou non, il y a des gens comme les politiciens et même les célébrités d'Hollywood qui souffrent de crises d'angoisse et de troubles connexes. Cependant, ils paient leurs annonceurs et d'autres personnes pour ne pas le voir.

Ils ne veulent pas être sous les feux de la rampe parce qu'ils doivent travailler pour maintenir leur image. Ce qu'ils ne réalisent pas, cependant, c'est que quelqu'un peut bénéficier de leur exposition.

Malheureusement, pour les personnes qui doivent faire face à cette situation, les crises d'angoisse affectent et ont tendance à interférer avec ceux qui essaient de mener une vie normale. Si vous souffrez de crises d'anxiété excessives, cela peut être lié à un état psychiatrique. Lorsque ces attaques deviennent graves et durent longtemps, elles sont considérées comme interdites.

Avec les symptômes d'une crise d'angoisse, le cerveau transmet des messages à d'autres parties du corps de la personne. Certaines parties du corps, telles que les poumons et le cœur, font des heures supplémentaires pendant qu'une crise d'angoisse se produit. Le cerveau finit par libérer beaucoup d'adrénaline.

Chapitre 4: Autres formes d'attaques/troubles d'anxiété

Trouble d'anxiété généralisée (TAG)

Le trouble d'anxiété généralisée, ou TAG, concerne les personnes qui sont constamment inquiètes et toujours tendues. Le fait est qu'il n'y a pas vraiment de cause à cela, et que personne ni rien n'est à blâmer pour l'avoir provoqué. Ils recherchent le pire et sont toujours extrêmement préoccupés par le travail, la santé de la famille et l'argent. Ils ressentent même de l'anxiété au cours de leur journée normale.

Si cette tendance est constante pendant au moins six mois, une personne peut être considérée comme ayant un DAG. Ils sentent qu'ils ne peuvent pas s'empêcher de s'inquiéter même si les inquiétudes ne sont pas aussi grandes qu'elles le paraissent.

Il leur est difficile de se détendre, ils sont facilement effrayés par les gens ou les bruits, et ils ont du mal à se concentrer. Parfois, ils ne peuvent pas dormir la nuit ou se réveiller seuls le matin. Ce sont d'autres symptômes qui contribuent à l'AGD:

- Sentiment de fatigue
- Douleurs musculaires
- Irritable
- Nausées

- Sweaty
- L'essoufflement
- Fréquentes visites aux toilettes
- Tremblements, palpitations
- Les bouffées de chaleur

S'ils n'ont pas un niveau élevé d'anxiété et continuent à souffrir de TAG, ils peuvent continuer à travailler et à être capables d'interagir socialement avec les autres. Cependant, s'ils disposent d'un DAG à une échelle plus élevée, ils peuvent avoir des difficultés à effectuer et à terminer des tâches simples que d'autres considéreraient comme allant de soi.

Environ sept millions d'adultes américains sont atteints de TAG. Les femmes (environ deux fois plus) sont plus nombreuses que les hommes à y être confrontées. Pourtant, le risque atteint son apogée entre l'enfance et le milieu de la vie. Des études ont montré que certains gènes contribuent à l'apparition de l'AGD.

Il existe d'autres troubles anxieux qui accompagnent le TAG, tels que la toxicomanie et la dépression. Si elle est traitée correctement, une personne peut surmonter ses inquiétudes avec tous les problèmes qu'elle a.

Trouble d'anxiété sociale

Le trouble d'anxiété sociale, également connu sous le nom de phobie sociale, se produit lorsqu'une personne est extrêmement gênée et anxieuse. Elle se produit chaque jour dans des situations sociales différentes. Ils ont très peur d'être surveillés.

Ils ont également peur d'être jugés par les autres. Ils essaient d'être extrêmement prudents et s'efforcent de ne pas faire des choses qui pourraient les gêner.

Pendant un certain temps, ils sont extrêmement craintifs avant qu'une situation qu'ils ressentent ne se transforme en catastrophe. Cela peut devenir si grave qu'ils perdent leur concentration et ne peuvent plus penser clairement. En cas de trouble d'anxiété sociale, ils peuvent laisser cette peur leur faire perdre leur concentration.

Peu importe que cela se passe à l'école, au travail ou à la maison. Le fait d'avoir un trouble d'anxiété sociale peut rendre difficile pour une personne de cultiver des relations avec les autres.

Avec le trouble d'anxiété sociale, il peut être difficile pour les personnes de surmonter leurs craintes et leurs inquiétudes excessives. Cela est vrai même s'ils savent que ce qu'ils ressentent n'est pas réaliste. Certains tenteront de faire amende honorable.

Même dans ce cas, il y a un sentiment d'anxiété, et ils ne se sentent pas à l'aise en présence d'autres personnes. Ensuite, ils se soucient trop de la façon dont les autres ont pensé à eux après la rencontre.

Une personne peut se trouver dans un cadre social (par exemple, lors d'un dîner avec quelqu'un ou avec plusieurs personnes) et éprouvera de l'anxiété parce qu'elle a peur. Ils transpirent beaucoup, rougissent, tremblent ou ont des difficultés à discuter avec les autres personnes présentes à la table. Ils semblent toujours avoir l'impression que d'autres personnes les regardent.

Des millions d'adultes souffrent de troubles d'anxiété sociale, ou phobie sociale. Dans la plupart des cas, cet état commence dès l'enfance et peut se poursuivre à l'adolescence.

Certaines études affirment que la génétique joue un rôle dans ce domaine. Cet état s'accompagne souvent de dépression ou d'autres troubles ou attaques d'anxiété. Ce n'est pas une bonne idée pour les personnes concernées de se soigner avec des médicaments. Cela pourrait aggraver la situation. Il est préférable de confier cette tâche à des professionnels qui ont de l'expérience dans ce domaine.

Trouble obsessionnel compulsif

Les personnes souffrant de troubles obsessionnels compulsifs, ou TOC, ont constamment des pensées qui peuvent les mettre en colère. Pour contrôler leur anxiété, ils utilisent des compulsions (rituels). Cependant, les tables finissent par se retourner contre eux parce que les rituels prennent le dessus sur leur esprit.

Par exemple, il y a des gens qui sont obsédés par la propreté. Ils sont connus sous le nom de "phénomènes de propreté". Bien sûr, c'est une bonne pratique de vouloir que tout soit propre, mais ils peuvent s'approcher trop près du contrôle des germes ou des surfaces sales.

Ils ont l'obligation de se laver les mains en permanence. Ils ne veulent pas que des germes ou de la saleté touchent leurs mains. Lorsqu'ils vont aux toilettes, ils prennent une serviette en papier pour ouvrir et fermer la porte, juste pour éviter que les germes ne leur tombent sur les mains.

Si les personnes souffrant de TOC ne se sentent pas bien, elles se regardent plusieurs fois dans le miroir jusqu'à ce qu'elles se sentent présentables. Ils ne veulent pas avoir l'impression qu'ils ne sont pas à leur place parmi les autres.

Ces actions leur permettent de se libérer temporairement de l'anxiété qu'ils ressentent. Les personnes atteintes de ce trouble sont toujours obligées de vérifier les choses encore et encore, ou de s'assurer que les choses se trouvent au même endroit de manière répétée.

Parfois, ils sont obsédés par des idées de violence ou de préjudice à autrui. Ils ont aussi des idées de choses folles auxquelles les gens ne penseraient pas normalement. Il y a des moments où ils ont l'impression de devoir accumuler et stocker des choses dont ils n'ont pas besoin.

Certains ont des rituels chez eux. L'une des plus courantes consiste à vérifier plusieurs fois le poêle avant de sortir pour s'assurer qu'il est bien éteint. Avoir un trouble obsessionnel-compulsif peut devenir chaotique et constituer une interruption non désirée lorsque cela se produit tous les jours.

Lorsqu'une personne souffre de TOC, elle sait que ce qu'elle fait n'a pas beaucoup de sens, mais elle ne considère pas son comportement comme anormal.

Aux États-Unis, plus de deux millions d'adultes souffrent de troubles obsessionnels compulsifs. Cette condition ne se distingue pas d'elle-même. Elle peut être combinée avec des troubles d'anxiété ou des attaques, une dépression ou des troubles alimentaires.

Ce trouble touche les femmes et les hommes de manière presque égale. Elle commence généralement dans l'enfance ou peut commencer à l'adolescence ou même à l'âge adulte. Les recherches suggèrent que le TOC pourrait être causé par la génétique. Aux États-Unis, au moins un tiers de tous les adultes commencent à souffrir de TOC dans leur enfance.

Les symptômes du TOC peuvent aller et venir à tout moment. Si la situation s'aggrave vraiment, elle peut affecter sérieusement une personne en agissant dans une capacité normale et en accomplissant certaines tâches. Il est bon que les personnes qui s'en occupent ne consomment pas d'alcool ou de drogues pour les calmer. Cela ne fait qu'aggraver la situation pour eux.

Il existe certains traitements et médicaments qui peuvent être utilisés pour prévenir les troubles obsessionnels compulsifs. Ils peuvent aider les personnes qui ont peur ou qui sont anxieuses de se désensibiliser à ce qui se passe autour d'elles.

Syndrome de stress post-traumatique

Le syndrome de stress post-traumatique (SSPT) se produit lorsqu'une personne a subi un événement qui implique des dommages au corps ou qui implique la menace de dommages. La personne souffrant de SSPT peut avoir été blessée, ou il peut s'agir d'un proche.

Le SSPT est communément connu en relation avec les anciens combattants qui ont servi dans une guerre. Cependant, il y a d'autres choses, comme les viols, les enlèvements, les abus, les accidents de voiture, les accidents d'avion, ou les catastrophes naturelles comme les ouragans ou les inondations.

Ceux qui souffrent de SSPT peuvent facilement devenir effrayés. Ils ne ressentent rien non plus pour ceux avec qui ils avaient une relation étroite. Ils commencent à s'intéresser moins aux choses qu'ils avaient l'habitude de faire. Ils montrent moins d'affection, sont de plus en plus agressifs et montrent davantage un côté irritable.

Ils essaient de bloquer les choses qui leur rappellent cet événement traumatisant au lieu de travailler dessus. Si l'événement est un acte délibéré de quelqu'un d'autre contre eux, alors le SSPT les affectera grandement.

Des cauchemars peuvent les hanter et ils

commencent à voir des flashbacks tels que des sons, des sentiments et des images de ce qui s'est passé. Il y a des sons qui peuvent leur rappeler cet événement. Par exemple, si une porte claque, cela peut signifier que quelqu'un vous a piégé dans une pièce et est prêt à se jeter sur vous avec ses abus.

Cela peut se faire par des moyens physiques ou verbaux. Certaines personnes ne se rendent pas compte que la violence verbale est aussi mauvaise, voire pire, que la violence physique.

Gardez à l'esprit que toutes les personnes qui ont été traumatisées ne souffriront pas de SSPT. Certaines personnes sont capables de faire face à ce qui s'est passé et d'aller de l'avant. D'autres ont besoin d'une thérapie et de médicaments pour faire face à leurs problèmes.

Le SSPT peut commencer quelques mois après l'événement ou l'incident. Elle peut durer quelques mois de plus, ou se poursuivre au fil des ans. Pour être officiellement classé comme SSPT, les symptômes doivent persister pendant au moins un mois. Certains finissent par souffrir de SSPT en tant que maladie chronique.

Il y a plus de millions d'adultes qui souffrent du syndrome de stress post-traumatique. Elle peut commencer dès l'enfance et se poursuivre à l'âge adulte. Plus de femmes que d'hommes en souffrent. Le SSPT est également associé à l'abus de substances, à la dépression ou à d'autres troubles ou crises d'anxiété.

Chapitre 5: Trouble panique et attaques de panique

Le trouble panique est considéré comme une maladie. Les symptômes comprennent la sensation de terreur soudaine, la sensation d'évanouissement, les douleurs thoraciques ou la sensation de suffocation. Les crises de panique relèvent du trouble panique et sont sujettes à certains de ces mêmes symptômes, en plus d'autres. Lorsqu'une personne a une crise de panique, il y a des pensées irréalistes ou des craintes qu'elle ne soit plus sous contrôle ou qu'une situation ne se présente plus.

En cas de trouble panique, une personne peut également souffrir de dépression ou de toxicomanie. Si ces affections sont liées à votre trouble panique, elles ne doivent pas être traitées ensemble. Parfois, ils se sentent tristes ou n'ont pas envie de manger. Il se peut qu'ils ne puissent pas dormir ou qu'ils ne dorment que quelques heures. Ils n'ont pas beaucoup d'énergie pour faire quoi que ce soit et ne peuvent pas garder leur concentration.

Attaque de panique

Une crise de panique est une peur ou une appréhension soudaine ou intense. En général, il n'y a pas de problème et personne n'est en danger. Les crises de panique peuvent survenir soudainement, durer quelques minutes, puis s'arrêter. D'autres durent plus de quelques minutes ou il peut y en avoir plusieurs et elles se succèdent.

Il existe trois types de crises de panique :

- **Spontané:** Ces crises de panique surviennent sans avertissement. Il n'y a rien qui puisse les provoquer. Même si une personne dort, elle peut avoir une crise de panique.

- **Situationnel:** Ces crises de panique surviennent lorsqu'il existe une situation à laquelle une personne a été ou sera exposée. On considère qu'ils déclenchent ou provoquent la crise de panique. Par exemple, si une personne entend une voiture qui fait des pétards, cela peut lui rappeler l'époque où elle était dans l'armée et faisait la guerre avec des munitions.

- **Prédisposé à la situation:** Ces crises de panique peuvent se produire en cas de réaction retardée. L'attaque ne se produit pas toujours immédiatement. Dans certains cas, les gens peuvent avoir une attaque immédiatement, et dans d'autres cas, elle est retardée ou ne se produit pas du tout.

Les crises de panique sont définies comme ayant au moins quatre symptômes ou plus:

- Un sentiment d'étouffement
- Étourdie ou bouleversée
- Secoué
- Tremblements

- L'essoufflement
- L'accélération du rythme cardiaque
- Douleurs thoraciques
- Numbness
- Chills
- Sentiment de folie
- Nausées
- Transpiration
- Sentiment de détachement

Si une personne présente moins de quatre symptômes, elle peut toujours être classée comme ayant une crise de panique, mais on parlera alors d'une crise de panique à "symptômes limités". Une personne peut avoir une crise de panique à tout moment. Cela peut même se produire lorsqu'ils dorment. Elle a touché des millions d'adultes.

Cependant, les femmes sont plus nombreuses à subir des crises de panique. En fait, les femmes ont deux fois plus de crises de panique que les hommes. Les crises de panique peuvent commencer à la fin de l'adolescence ou au début de l'âge adulte.

Certaines personnes ont de fréquentes crises de panique et se retrouvent presque sans défense. Il y a certains endroits dont ils devront se tenir à l'écart parce que cela peut déclencher une autre attaque.

Il se peut aussi qu'une personne ne puisse pas participer à certaines activités, telles que le shopping et les sorties connexes. La plupart du temps, ils sont confinés à l'endroit où ils vivent et ne sortent pas à moins que quelqu'un d'autre ne soit avec eux.

Cette condition est appelée agoraphobie, c'est-à-dire lorsqu'une personne a peur des grands espaces ou d'être seule. S'ils demandent de l'aide à temps pour cela, le traitement progressif peut être efficace.

Il s'agit d'un trouble anxieux très facile à traiter et qui répond à la plupart des médicaments ou thérapies proposés. Les médicaments et/ou la thérapie peuvent aider la personne affectée à modifier sa façon de penser pour se débarrasser de la peur et de l'anxiété.

Si vous avez des crises de panique fréquentes, vous souffrez peut-être d'un trouble de la panique. Les crises de panique deviennent un trouble de la panique lorsque l'affection devient chronique. Votre vie peut être en grave danger, tout comme celle d'autres personnes.

Chapitre 6: Obtenir de l'aide

Si vous pensez que vous présentez des symptômes d'un trouble anxieux, d'une crise ou d'une affection connexe, veuillez consulter votre médecin. Il pourra vous conseiller si vos symptômes correspondent au diagnostic clinique de l'une de ces maladies mentales.

Si c'est le cas, vous devez consulter un professionnel spécialisé dans les conditions de santé mentale. Ces professionnels sont formés aux thérapies qui traitent de divers modèles de comportement et suggéreront des médicaments si nécessaire.

Trouvez un interlocuteur avec lequel vous vous sentez à l'aise pour parler de votre état. Vous ne voulez pas être intimidé par leur présence. Vous voulez être détendu et pouvoir discuter de ce qui se passe avec vous. Votre professionnel de la santé mentale travaillera avec vous pour élaborer un plan qui vous aidera à surmonter vos difficultés face à ces types de troubles et d'attaques.

Si on vous prescrit des médicaments, vous devez les prendre selon les instructions et ne pas les arrêter à moins que votre médecin ne vous dise de le faire. Vous devez discuter avec votre professionnel de la santé mentale ou votre médecin de la manière dont le médicament agira. Si vous avez des effets secondaires, veuillez en discuter dès que possible. Ils peuvent avoir modifié votre dosage.

Quant au coût des médicaments et des traitements, il est couvert par la plupart des assurances. Toutefois, ne le supposez pas et vérifiez d'abord auprès de votre compagnie d'assurance. Si vous n'avez pas d'assurance, renseignez-vous auprès de votre agence gouvernementale locale ou nationale pour obtenir des soins de santé mentale dans l'un de leurs établissements.

Les agences gouvernementales s'en tiennent généralement à une échelle mobile, en fonction de ce que vous pouvez vous permettre. Ou si vous bénéficiez d'une aide publique, elle peut vous aider à payer ces services.

Chapitre 7: Médicaments et traitements

La plupart des médicaments sont utilisés pour les crises d'anxiété, les troubles et les affections connexes. Les options peuvent dépendre de la condition et de ce que la personne souhaite. Un médecin doit effectuer une évaluation complète pour déterminer si vous souffrez réellement de l'une de ces maladies mentales.

Si tel est le cas, il doit également établir le type de trouble qu'il traite. S'il existe une combinaison de ces éléments, il faut également les identifier pour que le médecin sache comment les traiter.

Si vous avez déjà été traité pour un trouble anxieux existant ou passé, votre médecin doit le savoir. Il doit également savoir si le médicament a été administré et quelle en est la dose.

Ou s'ils ont reçu un autre traitement, cela doit également être divulgué. S'il y a des effets secondaires, il faut les inclure, ainsi que toute thérapie qui a été fournie et si elle leur a été bénéfique.

Certaines personnes estiment que le traitement qu'elles ont reçu n'a pas fonctionné pour elles. Parfois, ils n'ont pas eu assez de temps pour que le processus change ou il n'a pas été fait correctement. Certaines personnes peuvent devoir passer par différents médicaments ou traitements pour trouver ce qui fonctionne pour elles.

Les médicaments ne sont pas le remède ultime aux troubles anxieux, aux crises et aux affections connexes. Cependant, des médicaments peuvent contrôler ces conditions pendant que la personne suit une thérapie. Les médicaments ne peuvent être utilisés que si un médecin les prescrit.

Ils sont généralement prescrits par des psychiatres qui proposent une thérapie de travail avec des collègues qui fournissent certains des mêmes services. La plupart des médicaments utilisés pour les troubles anxieux sont

- Antidépresseurs

- Médicaments contre l'anxiété
- Bêta-bloquants

L'utilisation de l'un de ces médicaments peut aider une personne à mener une vie normale.

Antidépresseurs

À l'origine, les antidépresseurs étaient utilisés pour le traitement de la dépression. Cependant, ils travaillent également pour ceux qui souffrent de troubles anxieux. Ils travaillent à changer la chimie du cerveau. Une fois la dose initiale prise, il faut compter au moins 4 à 6 semaines avant que les symptômes ne disparaissent. Pour que cela fonctionne, les médicaments doivent être pris selon les instructions.

SSRIs - Selective Serotonin Reuptake Inhibitors: Ces antidépresseurs agissent pour modifier le niveau de communication dans les cellules du cerveau. Parmi les plus courants, on trouve le Prozac, le Zoloft et le Lexapro.

Ils sont utilisés pour traiter tout trouble de panique qui est mélangé à une phobie sociale, une dépression ou un trouble obsessionnel-compulsif. Comme ils sont plus récents, ils n'ont pas autant d'effets secondaires. Toutefois, les personnes qui les utilisent peuvent éprouver de la nervosité ou des nausées au début de la consommation. Ce n'est que temporaire.

Tricycliques: Ces antidépresseurs sont plus

anciens que les ISRS et sont utilisés pour les troubles anxieux autres que le TOC. Ils sont administrés à faibles doses et augmentés progressivement.

Les effets secondaires comprennent des étourdissements, une sécheresse de la bouche, de la somnolence et une prise de poids. Il est possible d'éliminer ce problème en ajustant la dose ou en utilisant un autre médicament du même type d'antidépresseur. Le Tofranil est utilisé pour le TAG et le trouble panique ; l'anafranil est utilisé pour le TOC.

Les inhibiteurs de la monoamine-oxydase (IMAO): Ce sont les plus anciens antidépresseurs pouvant être utilisés pour ces affections. Il est surtout utilisé pour les troubles anxieux, les crises et les affections connexes.

Les plus courants sont le Nardil, le Marplan et le Parnate. Lorsque vous prenez des IMAO, vous devez éviter certains aliments et boissons. Il s'agit notamment du fromage et du vin rouge.

En outre, vous ne pouvez pas prendre d'Advil, de Motrin, de Tylenol ou tout autre médicament contre la douleur, le rhume ou les allergies. De plus, les femmes ne peuvent pas utiliser certains types de pilules contraceptives. Les compléments alimentaires à base de plantes sont également interdits. Le mélange d'IMAO avec l'un d'entre eux peut provoquer une réaction indésirable.

Médicaments contre l'anxiété: Les médicaments tels que les benzodiazépines sont très puissants. Ils agissent pour combattre l'anxiété et ont très peu d'effets secondaires. La somnolence est la seule qui soit perceptible. Ce médicament n'est prescrit que pour une courte période. Les médecins sont fatigués de les donner à d'anciens toxicomanes.

Comme les gens peuvent facilement en devenir dépendants, ils recherchent des doses supplémentaires pour les maintenir en vie. Toutefois, si vous souffrez d'un trouble panique, vous pouvez utiliser ces médicaments pendant un an maximum.

Dans le cas de la phobie sociale, le Klonpin et l'Ativan sont utilisés pour le trouble panique. L'un des antidépresseurs les plus courants sur le marché est le Xanax, qui est utilisé pour les TAG et les troubles de panique.

Si une personne cesse soudainement de prendre des benzodiazépines, elle peut connaître un sevrage; les crises d'anxiété peuvent revenir. C'est une des raisons pour lesquelles certains médecins se méfient de cette drogue ou l'utilisent de façon sporadique.

Un autre médicament contre l'anxiété est le Busiprone, qui est utilisé pour le GAD. Certains effets secondaires comprennent des nausées, des maux de tête ou des étourdissements. Elle est prise différemment des benzodiazépines. La busiprone doit être prise tous les jours pendant au moins deux semaines avant qu'une personne ne ressente l'effet du médicament antianxiété.

Les bêta-bloquants: Les bêta-bloquants sont utilisés pour traiter les problèmes cardiaques. Ils peuvent également être utilisés pour éloigner les symptômes physiques qui provoquent des troubles anxieux. Les bêta-bloquants sont utilisés dans des situations telles que lorsqu'une personne fait un discours devant d'autres personnes, un bloqueur de jeu peut être utilisé pour tenir ces symptômes à distance.

Si vous prenez des médicaments pour un trouble de l'anxiété, voici ce que vous devez faire:

- Demandez à votre médecin de vous conseiller sur les médicaments qui seraient efficaces pour votre état.

- Demandez à votre médecin de vous parler du fonctionnement du médicament et des effets secondaires qu'il provoque.

- Informez votre médecin des autres médicaments que vous prenez. Ils peuvent interférer avec le dosage des troubles d'anxiété liés à la drogue.

Votre médecin doit vous conseiller sur le dosage et la manière de le prendre. Il doit également vous conseiller sur la manière d'arrêter de le prendre le moment venu. Avec les médicaments, certains d'entre eux peuvent déclencher des systèmes qui peuvent provoquer des crises de panique. Les médecins devraient toujours commencer par une dose plus faible et augmenter la dose.

Chapitre 8: Psychothérapie

La psychothérapie implique une interaction avec un professionnel de la santé mentale, comme un psychologue, un psychiatre ou une personne formée pour conseiller sur les problèmes et les conditions de santé mentale. Ils peuvent vous aider à déterminer ce qui déclenche des troubles d'anxiété et de panique. Ils travaillent également pour déterminer la meilleure façon de combattre les symptômes.

Thérapie cognitivo-comportementale

La thérapie cognitivo-comportementale, ou TCC, est très efficace pour traiter les troubles de l'anxiété. Les schémas de pensée sont modifiés par la partie cognitive. La façon dont les gens réagissent aux problèmes liés à l'anxiété est la partie comportementale.

Les personnes souffrant d'un trouble panique peuvent utiliser la thérapie cognitivo-comportementale pour distinguer les crises cardiaques des crises de panique. La TCC peut également être utilisée pour les aider à surmonter leur phobie sociale. Elle peut les aider à réaliser que tout le monde ne surveille pas leurs moindres faits et gestes et que tout le monde ne les juge pas.

Il existe des techniques qu'ils peuvent apprendre à utiliser pour une exposition positive. Ces techniques les aideront également à être moins sensibles aux déclencheurs et aux symptômes de l'anxiété.

La thérapie pour ceux qui souffrent consiste à les mettre en contact avec les germes ou la saleté sur leurs mains. Ils devraient attendre un certain temps avant de les laver. Le thérapeute les aidera à gérer l'anxiété qui s'ensuit avant qu'ils ne se lavent les mains. Plus ils le font, plus l'anxiété s'estompe.

Si une personne souffre de phobie sociale, sa thérapie consisterait à passer du temps avec d'autres personnes en situation sociale. Ils doivent résister à l'envie de partir lorsqu'ils commencent à se sentir mal à l'aise. Ils ne se sentiront pas gênés ou n'auront pas l'impression que les gens les jugent.

Si une personne souffre de SSPT, sa thérapie peut encourager cet événement qui lui a causé beaucoup de traumatisme et de douleur dans sa vie. Cela peut contribuer à atténuer la peur qu'ils ressentent à l'intérieur.

Avec la thérapie cognitivo-comportementale, les thérapeutes vous fourniront des moyens de faire de la respiration profonde et d'autres exercices pour éliminer l'anxiété. Les exercices peuvent vous aider à vous détendre dans des situations tendues et stressantes.

Les phobies ont été traitées par une thérapie comportementale qui vous oblige à vous exposer de manièrc à faire ressortir vos véritables craintes et appréhensions. Le visage de ce qui leur faisait peur.

Il peut s'agir de regarder des images ou d'entendre des voix sur une cassette. Cela peut également signifier une rencontre en face à face avec cette personne. Le thérapeute les accompagnera pour les soutenir afin qu'ils puissent faire face à leurs peurs.

Avec la TCC, cette thérapie devrait être en lien direct avec les anxiétés de la personne et être orientée vers ce dont elle a besoin. La seule chose qui les affectera est le malaise qu'ils ressentiront en raison de l'anxiété accrue. Cependant, ce n'est que temporaire.

Ce type de thérapie dure environ trois mois à 12 semaines. Il peut être réalisé individuellement ou avec un groupe de personnes qui ont des conditions similaires. Pour la phobie sociale, la thérapie de groupe est préférable car la personne devra interagir avec d'autres personnes. Pour certains troubles anxieux, des médicaments peuvent être nécessaires pour que le traitement soit efficace.

Chapitre 9: Traitements alternatifs

En plus des médicaments et des thérapies, il existe des traitements alternatifs qui peuvent être utilisés pour combattre ces conditions dans la famille de l'anxiété et des attaques de panique.

L'une des principales clés pour surmonter l'anxiété et les crises de panique est de se détendre. Ce n'est pas aussi facile à faire que certains le pensent. Commencez par vous concentrer et assurez-vous que vous respirez lentement et régulièrement.

Lorsqu'une personne a une crise de panique, l'une des premières choses qui lui arrive est qu'elle a du mal à respirer. Parfois, ils doivent haleter pour reprendre leur souffle. Le but est ici de rendre votre respiration régulière afin qu'elle ralentisse votre rythme cardiaque.

Cela aidera à faire disparaître la crise de panique. Une personne peut se calmer en respirant lentement. Il devrait continuer à libérer de l'air de ses poumons. Cela les aide à prendre de profondes respirations et à se sentir plus calmes.

Allongé, le dos près d'un mur, pliez les genoux avec les pieds contre le mur. Utilisez un pied à la fois et appuyez contre le mur. En appuyant, inspirez. Lorsque vous le libérez du mur, expirez. Changez de pied lorsque vous faites cela. Prenez environ 15 minutes jusqu'à ce que le sentiment de panique se soit dissipé.

Essayez de ne pas penser au passé. Souvent, les crises de panique surviennent à cause de quelque chose qui vous a bouleversé dans le passé. Regardez les différentes formes et couleurs. Si vous aimez les animaux de compagnie, achetez un petit chien ou un chat et donnez-lui un peu d'amour.

Si vous aimez les parfums, vous pouvez utiliser l'aromathérapie pour soulager l'anxiété et les crises de panique. Une odeur qui a un effet calmant est celle de la lavande. Il existe de nombreux endroits où vous pouvez acheter des huiles essentielles.

Lorsque vous ressentez une crise d'anxiété ou de panique, sentez l'huile et elle vous calmera. Vous pouvez également l'utiliser comme huile de massage, avec de l'huile d'olive ou de pépins de raisin. Il existe d'autres huiles d'aromathérapie que vous pouvez utiliser. Il faut les sentir pour savoir lequel on préfère.

Chapitre 10: Rendre votre traitement plus efficace

Il existe des groupes de soutien indépendants auxquels vous pouvez adhérer. Vous serez en mesure de partager vos connaissances et votre expérience avec ceux qui sont confrontés à des problèmes similaires. Il existe également des salons de discussion en ligne.

Toutefois, il convient de le faire avec prudence. Tout ce que l'on dit sur l'anxiété et les crises de panique n'est pas forcément vrai. Vous pouvez également demander conseil à votre pasteur ou à votre webmestre. Cependant, vous devez vous assurer de demander l'avis d'un professionnel de la santé mentale qualifié.

Il existe également des techniques de méditation et de gestion du stress. Cela peut aider les personnes souffrant de ces troubles à rester calmes et concentrées. Cela peut également vous aider dans votre thérapie. Lorsque vous trouvez des moyens de trouver la paix en vous-même, il y a certaines choses que vous devriez éviter d'utiliser.

Il s'agit notamment des boissons caféinées, des drogues illicites et de certains médicaments en vente libre contre le rhume et les sinus. Ils peuvent en fait provoquer les symptômes de l'anxiété et des troubles de panique.

Il est essentiel que votre famille soit présente dans votre vie pour que vous puissiez vous rétablir complètement. Ils doivent vous soutenir et vous aider de toutes les manières possibles. Cependant, il se peut que certains membres de la famille veuillent vous taquiner et vous ridiculiser.

Ils peuvent avoir tendance à penser que c'est insignifiant et sans mérite. Vous pouvez leur parler et leur faire comprendre qu'il s'agit d'une maladie grave. S'ils refusent toujours, alors allez-y et trouvez des amis qui vous soutiendront et vous apporteront l'aide dont vous avez besoin.

Chapitre 11: Les attaques de panique non traitées

Les crises de panique peuvent durer longtemps, parfois pendant des années. Cette longévité peut être compliquée par des attaques constantes. Les symptômes sont les suivants : avoir certaines phobies (peurs) ou quitter la maison, ne pas vouloir être avec d'autres personnes, se sentir suicidaire, avoir des problèmes financiers et abuser de substances. En conséquence, la personne peut se retrouver avec une maladie cardiaque.

Si les crises de panique ne sont pas traitées, l'anxiété peut augmenter et s'aggraver. Votre routine quotidienne peut être affectée par des attaques qui ne disparaissent pas. Il faut s'attaquer de front à ce problème, sinon la personne ne peut pas être un citoyen productif de la société.

Chapitre 12: Prévenir les attaques de panique

Il existe des moyens de réduire le risque de crise de panique. Vous pouvez apprendre à mieux les gérer. Vous devez reconnaître les symptômes. Lorsque les initiales commencent, il peut s'agir d'autres qui apparaissent. N'oubliez pas de prendre des respirations lentes et profondes.

Continuez à réduire votre niveau d'anxiété en faisant de l'exercice et de la méditation, par exemple. Ne soyez pas pressé et prenez votre temps. Faire vite peut aller à l'encontre du but recherché. La thérapie est un processus qui prend du temps et l'amélioration sera progressive.

Ne soyez pas dur avec vous-même. Allez-y doucement. Ne vous frappez pas la tête en vous critiquant pour votre état. Évitez les cigarettes, les thés caféinés et les boissons gazeuses. Cela peut être difficile, mais au moins commencez à vous sevrer lentement.

Essayez de ne pas penser à des choses qui ont pu vous traumatiser dans le passé. Ces événements traumatisants peuvent déterminer la façon dont vous allez réagir à l'avenir. Vous ne pouvez pas laisser le passé vous empêcher d'aller de l'avant.

Veillez à maintenir autour de vous un système de soutien aimant et solidaire afin de pouvoir aller de l'avant chaque jour. Qu'il s'agisse de votre famille ou de vos amis, ils devraient être réellement intéressés à vous aider à améliorer et à apaiser les craintes que vous avez accumulées.

Chapitre 13: Apporter votre soutien

Si vous aidez quelqu'un qui souffre de l'une de ces conditions, il est très important que vous soyez là pour le long terme. Il faut parfois plus de quelques semaines ou mois pour que cette personne s'en remette complètement.

Vous ne devez pas juger ou traiter avec condescendance la personne qui souffre de quelque manière que ce soit. Il s'agit d'une question sérieuse et vous devez la traiter comme telle. La pire chose à faire face aux crises d'anxiété et de panique est de se montrer dédaigneux et de penser qu'elles peuvent être surmontées rapidement. Vous ne pouvez pas être leur sauveur et résoudre leur problème.

Les personnes qui subissent ce genre d'attaques ne pensent à rien d'autre qu'à la peur qu'elles ont de voir quelque chose de grave se produire. La situation ne peut être résolue en les secouant et en les faisant sortir de là, ou en agitant une baguette magique sur eux et en disant "abracadabra".

Ne sous-estimez pas leurs actions en pensant qu'ils font semblant d'agir. C'est grave et leurs actions ne doivent pas être sous-estimées. La meilleure chose que vous puissiez faire est de faire tout ce qui est en votre pouvoir pour être là en tant que système de soutien.

Ils peuvent sentir à tout moment qu'ils sont en grave danger. Ils ont le sentiment qu'ils ne peuvent pas se sortir de n'importe quel problème qu'ils perçoivent. C'est alors que les battements de cœur rapides, l'essoufflement et d'autres symptômes entrent en jeu.

Si vous les ignorez, vous faites plus pour leur faire du mal que pour les aider. Ils dépendent de votre soutien et si vous décidez d'abandonner leur moment de faiblesse, ils se sentiront plus démunis.

Cela peut les amener à se sentir déprimées et à ne pas vouloir faire grand-chose pour remédier à leur situation. S'ils savent que vous êtes là pour les aider à faire face à la situation, ils se sentiront mieux dans leur peau.

Vous devez les laisser passer l'attaque. Si vous essayez d'intervenir, vous risquez d'aggraver la situation. Laissez faire et ils finiront par s'en sortir. Cependant, si pour une raison quelconque, ils ne s'arrêtent pas, appelez un auxiliaire médical pour vous aider.

Une chose que vous ne voulez pas faire est de leur donner des médicaments, surtout si votre médecin ne les prescrit pas. Cela leur causera certainement du tort. Veillez donc à ne rien faire qui puisse compromettre leur bien-être.

Il y a de l'espoir pour ceux qui souffrent depuis longtemps de troubles de l'anxiété et de crises de panique. Ils doivent être prêts à faire le pas pour changer leur vie. Il y a d'autres personnes qui souffrent comme vous.

Cependant, votre situation ne doit pas rester ainsi pour toujours. Il existe une aide sous forme de médicaments et de thérapies. Il suffit de le vouloir pour soi-même. Plus vite vous obtiendrez de l'aide, mieux vous vous porterez. Une fois que vous l'aurez fait, vous cesserez de laisser ces conditions contrôler votre vie.

Visitez notre site web! Obtenez d'autres livres de MENTES LIBRES!

https://www.amazon.fr/MENTES-LIBRES/e/B08274DDV4?ref_=dbs_p_ebk_r0 0_abau_000000

Si vous le souhaitez, vous pouvez laisser votre commentaire sur ce livre en cliquant sur le lien suivant afin que nous puissions continuer à nous développer! Merci beaucoup pour votre achat!

https://www.amazon.fr/dp/B08B4BR54Q

www.ingramcontent.com/pod-product-compliance
Lightning Source LLC
Chambersburg PA
CBHW050655250726
48662CB00002B/685